www.ingramcontent.com/pod-product-compliance
Lightning Source LLC
LaVergne TN
LVHW010826051026
849532LV00007B/2631
* 9 7 8 9 3 6 9 0 8 0 9 0 8 *

غریبِ شہر

(شعری مجموعہ)

راہی معصوم رضا

Ghareeb-e-Shahr *(Poetry Collection)*
by: Rahi Masoom Raza
Edition: July '2025
Publisher :
Taemeer Publications LLC (Michigan, USA / Hyderabad, India)

ISBN 978-93-6908-090-8

کتاب	:	**غریبِ شہر** (مجموعہ کلام)
مصنف	:	**راہی معصوم رضا**
صنف	:	شاعری
ناشر	:	تعمیر پبلی کیشنز (حیدرآباد، انڈیا)
سالِ اشاعت	:	۲۰۲۵ء
صفحات	:	۱۱۰
سرورق ڈیزائن	:	تعمیر ویب ڈیزائن

مریم بیٹی!

تم بمبئی میں پیدا ہوئی تھیں اور یہ شاعری
بھی میرے بمبئی آنے کے بعد کی ہے
اِس لئے یہ مجموعہ تمہارے نام کرتا ہوں۔

راہی معصوم رضا

کیوں اتنے مغرور ہیں راہیؔ کیوں اتنا اِتراتے ہیں
گنگا تٹ ویران نہ ہوگا اک ان کے اُٹھ جانے سے

یک نظر بیش نہیں

آمد : یکم اگست سنہ ۱۹۲۷ء غازیپور

رخصت: ۱۵ مارچ سنہ ۱۹۹۲ء بمبئی

راہی معصوم رضا نہایت زرخیز تخلیقی ذہن کے ادیب و شاعر تھے، پریم چند کے بعد وہ دوسرے ادیب ہے جنہوں نے اردو اور ہندی دونوں زبانوں میں اپنی قلم کے جوہر دکھائے۔

انہیں زندگی نے زیادہ وقت نہیں دیا تھا لیکن جتنا وقت قدرت نے ان کے نصیب میں لکھا تھا اس کے ہر لمحہ کو انہوں نے اپنے لفظوں میں مصور کیا۔ انہوں نے ادب کی مختلف اصناف میں اپنے عہد کے واسطے سے اپنی سوانح لکھی ہے۔

اردو میں طلسم ہوش ربا اور یگانہ چنگیزی پر ان کی تنقیدی کتابیں، ادبی دنیا میں قدر کی نگاہ سے دیکھی جاتی ہیں۔ اردو ہی میں ان کے تین شعری مجموعے 'اجنبی شہر، اجنبی راستے' ایک پھیری والا اور طویل نظم ۱۸۵۷ء ان کی شعری ذہانت کی خوبصورت مثالیں ہیں۔

ہندی میں ان کے ناول آدھا گاؤں (جو جودھپور یونیورسٹی میں کئی سال تک ایم۔ اے۔ کے نصاب میں شامل رہا) کے علاوہ ٹوپی شکلا، ہمت جونپوری، دل ایک سادہ کاغذ سین ۷۵ اور اوس کی بوند، ہندی کے افسانوی ادب

میں اپنی زبان اور معاشرہ کی ترقی پسندانہ تصویر گری کی بنا پر اہمیت کی حامل ہیں۔

بمبئی میں انہوں نے ۲۵۰ سے زیادہ فلموں میں مکالمے اور منظر نامے تحریر کئے۔ ہندوستان کی مشہور ٹی۔ وی سیریل 'مہابھارت' میں انکے تحریر کردہ مکالموں سے انہیں عوامی شہرت ملی جو اپنی مثال آپ ہے۔

'غریبِ شہر' ان کا چوتھا شعری مجموعہ ہے۔ اس میں ان کے بمبئی کے طویل قیام کے دوران لکھی ہوئی نظمیں اور غزلیں شامل ہیں۔

صابر دت

مقدمہ

ملے گر مفت بھی راہی تو مت لو
بہت مہنگا پڑے گا آدمی ہے

راہی معصوم رضا

۱۰۔ دیو دوت
بینڈ اسٹینڈ
باندرہ
بمبئی: ۴۰۰۰۵۰

مرثیہ

ایک جھپکی نیند کی ملتی نہیں
اپنے زخموں پر چھڑکنے کے لئے
ہائے، ہم کِس شہر میں مارے گئے

گھنٹیاں بجتی ہیں،
زینہ پر قدم کی چاپ ہے
پھر کوئی بے چہرہ ہوگا
مُنہ میں ہوگی جس کے مکھّن کی زباں
سینے میں ہوگا جس کے اِک پتھّر کا دل
مسکرا کر میرے دِل کا اک ورق لے جائے گا

۲۲/۵ ۱۹۷۰ء بمبئی

ہم تو ہیں کنگال

ہم تو ہیں کنگال
ہمارے پاس تو کوئی چیز نہیں
کچھ سپنے ہیں
آدھے پورے
کچھ یادیں ہیں
اُجلی، میلی،
جاتے جاتے
آدھے، پورے سارے سپنے
اُجلی میلی ساری یادیں
ہم مریم کو دے جائیں گے

گنگولی کے کچے گھر میں اُگنے والا سورج
آٹھ محرّم کی مجلس کا افسردہ علوہ
آنگن والے نیم کے اُوپر
دُھوپ کا ایک شناسا ٹکڑا
گنگا تٹ پر
چُپ چُپ بیٹھا

جانا پہچانا اک لمحہ
بسم اللہ خاں کی شہنائی
احمد جان کے طبلے کی چنچل پروائی
خاں[1] صاحب کی ٹھمری کی قاتل انگڑائی
"رین اندھیری"
"ڈر لاگے رے۔۔۔"
میری بھوالی کی راتوں کی خوف بھری، لرزاں تنہائی
چھوٹی[2] دوا کے گھر کی وہ چھوٹی سی سوندھی انگنائی
اماں جیسا گھر کا آنگن
ابا جیسے میٹھے کمرے
دوا جیسی گوری صبحیں
مائی[2] جیسی کالی راتیں
سبز پری ہو
یا شہزادہ
سب کی کہانی دِل سے چھوٹی
پھڑ کے
گھر میں آتے جاتے
ہر لمحہ کی بوٹی بوٹی
میرے کمرہ میں تیر پہ ہنسنے کا وہ پہلا دورہ

1: بڑے غلام علی خاں ۲: میرے ننہال کی ایک پرانی نوکرانی جو اماں کے ساتھ آئی اور پھر ہمارے ہی یہاں رہ گئی۔ اس کا نام زمرد تھا مگر ہم لوگ اسے 'مائی' کہتے تھے۔

لمحوں سے لمحوں کی قربت
لمحوں سے لمحوں کی دوری
گنگولی کی
گنگاتٹ کی
غازی پور کی ہر مجبوری
میرے دِل میں
ناچ رہی ہے
جن جن یادوں کی کستوری
دُھندلی
گہری
آدھی پوری
اُجلی میلی ساری یادیں
مریم کی ہیں
جاتے جاتے
ہم اپنی یہ ساری یادیں
مریم ہی کو دے جائیں گے
اچھے دنوں کے سارے سپنے
مریم کے ہیں
جاتے جاتے
مریم ہی کو دے جائیں گے

مریم بیٹی

تیری یاد کی دیواروں پر
پیا کی پرچھائیں تو کل میلی ہوگی
لیکن دھوپ
تِری آنکھوں کے
اِس آنگن میں پھیلی ہوگی

۳۰/۱۲ ۱۹۷۲ء حیدرآباد

ایک نظم

رات کی کوئی غزل ہو تو وہی گاؤ،
کہ اس صبح کے پاس
کوئی نغمہ
کوئی آواز نہیں
اُفقِ دیدۂ حیراں کے قریب
خاک اڑاتی ہے صبا
نہ اُبھرتا ہوا سورج ہے
نہ ڈوبا ہوا چاند
مقتلِ شب کی طرف
مُنھ کئے
حیران
پریشان
کھڑے ہیں ہم لوگ . . .
کوہ کن نقش بہ دیوار ہوا
قیسؔ امروز کے صحرا میں گرفتار ہوا

سانس روکے ہوئے بیٹھی ہے ہر اک راہ گزر
کوئی آتا ہی نہیں لے کے تمنا کی صلیب
حوصلے پست ہوئے
ہم تہی دست ہوئے
رات بھر جاگی ہوئی آنکھوں میں
صبح کو ترستی ہوئی آنکھوں میں
صرف جلتے ہوئے لمحوں کی تپش
ایک بے نام خلش
جیسے پھر کھینچ رہا ہو کوئی مقتل کی طرف

۴/۵/۱۹۷۴ء بمبئی

گریباں کا فاصلہ

کٹ گئی رات مگر
ہجر کے جلگتے پیراہن سے
رات کی ملگجی، افسردہ مہک آتی ہے
حلقۂ بادِ صبا گردن میں
وقت سڑکوں پہ کھنچا پھرتا ہے
راہ جاتی ہی نہیں کوئی بیاباں کی طرف
ہاتھ بڑھتے ہی نہیں اپنے گریباں کی طرف

۹/۱/۱۹۷۲ء بمبئی

خواب

آؤ،
واپس چلیں
رات کے راستے پر وہاں
نیند کی بستیاں تھیں جہاں
خاک چھانیں
کوئی خواب ڈھونڈھیں
کہ سورج کے رستے کا رختِ سفر خواب ہے
اور اِس دن کے بازار میں
کل تلک
خواب کمیاب تھا
آج
نایاب ہے

۵/۱۱/۱۹۷۶ء، بمبئی

غزل

اب کے تو اک شمشان پڑا تھا میرے گھر کے آگے
سارا نگر ویران پڑا تھا میرے گھر کے آگے

دیکھتے دیکھتے مقتل بن کر کیسی رونق پائی
اِک کھُلا میدان پڑا تھا میرے گھر کے آگے

جب لوگوں نے غور سے دیکھا تب مجھ کو پہچانا
کل کوئی انسان پڑا تھا میرے گھر کے آگے

اُس کی جان میں کچھ جان آئی پی کر میرے آنسو
موسمِ گل بے جان پڑا تھا میرے گھر کے آگے

دار و رسن کی باتیں پڑھ کر ڈر گیا ہوگا کوئی
کل میرا دیوان پڑا تھا میرے گھر کے آگے

میری پیاس نے باہر آ کر دی ہے اُس کو عزت
پانی بے پہچان پڑا تھا میرے گھر کے آگے

۱۰-۱-۱۹۷۶ء بمبئی

ایک نظم صبح کے انتظار کی

کٹ گئی رات
مگر
رات ابھی باقی ہے
حسرت دید ابھی زندہ ہے
دِل دھڑکتا ہے ابھی
شوقِ ملاقات ابھی زندہ ہے
دِل کے صحرائے وفا میں غزالوں کا ہجوم
اور اس چاند کے پیالے سے چھلکتی ہے مری پیاس ابھی
زندگی آئی نہیں راس ابھی
صبح سے پہلی ملاقات ابھی باقی ہے
کٹ گئی رات،
مگر
رات ابھی باقی ہے

۲۹/۱۲ ۱۹۷۶ء بمبئی

نیند کے گاؤں میں

نیند کے گاؤں میں
آج یادوں کا بازار ہے
نیل کے بوڑھے گودام پر
دھوپ کھاتی ہوئی دوپہر
پوکھرے پر کھڑے
آم کے جھنڈ کی چھاؤں میں
دھوپ کی دھجّیاں
کچے رستے پہ آتی ہوئی بس کا گاڑھا دھواں
کھِلکھِلاتے ہوئے
بچوں کے پاؤں کی دُھول کے کارواں
گاؤں کی ہر گلی
اپنے پیروں کی زنجیر ہے
گاؤں کا ہر مکاں
اپنے رستے کی دیوار ہے
نیند کے گاؤں میں
آج یادوں کا بازار ہے۔

کنڈسے کی جھاڑیوں کے اُدھر
گھاس پر
دھوپ کو اپنی مٹھی میں جکڑے ہوئے
اپنے ماتھے پر کاجل کا سورج اگائے ہوئے
وہ مسیحا
جو ہے اپنے اعجاز سے بے خبر
آج کے گھاؤ پر
کل کے سپنوں کا مرہم لگاتا ہوا چارہ گر
چارہ گر!
آج کا دن بھی پچھلی صدی کی طرح
سخت بیمار ہے
نیند کے گاؤں میں
آج یادوں کا بازار ہے

اک انگوچھا لپیٹے ہوئے
وقت بیٹھا ہے دہلیز پر
بانس کے جھنڈ سے بیچ کے چلتی ہوئی رہ گزر
پوکھری کے کنارے پہ بیٹھی وضو کرتی مسجد کے مینار پر
کب کی اٹکی ہوئی اک اذاں
فرشِ مسجد
گذشتہ زمانے کے سجدوں کی لاشیں سمیٹے ہوئے
اپنی بے نور آنکھوں سے تکتا ہے اُس راستے کی طرف

جس پر اب
کوئی چلتا نہیں
جس کا سناٹا تلوار کی دھار ہے
آج یادوں کا بازار ہے
نیند کے گاؤں میں

نقشِ پا
ایلیوں کے تلے
تھک کے بیٹھے ہوئے
چہرے کی جھرّیوں کی دوکانوں پہ بکتی ہوئی حسرتیں
لوگ دفتی کے چاندوں پہ پنّی چڑھائے ہوئے
شام کی ملگجی آستینوں میں آنسو چھپائے ہوئے
دامنوں میں بھرے
عہدِ رفتہ کی تنہائیاں
صبح کے گھاؤ
سورج کی شرمندگی
جیٹھ کی پیاس
ساون کی افسردگی...
لمحۂ مطمئن آج بھی
وقت پر قرض ہے
لمحۂ مطمئن آج بھی
کل ہی کی طرح محتاج اظہار ہے

آج یادوں کا بازار ہے
نیند کے گاؤں میں
میں بھی پچھلے زمانہ کے برگد کے سائے میں بیٹھی ہوئی اپنی یادوں کی پرچھائیاں بیچ لوں

میرے لفظوں میں ہے
اس نند اسی کہانی کا رس
جس پہ چلنا نہ تھا
کچے آنگن کا بس
لمکیوں کے کئی ست لڑے
(جو نہ جانے تھے کس کے لئے)
تختیوں پر سیاہی سے لکھے ہوئے
ناموں کے سلسلے
پا برہنہ محرم کے دن
ساتھ بڑھتا ہوا رام لیلا کا سن
سامنے والی مسجد کا جن
پیچھے والے کہن سال پیپل کا جوگی
جو سنتے ہیں برسوں سے بیمار ہے!
کون ان کا خریدار ہے
آج یادوں کا بازار ہے
نیند کے گاؤں میں...

میں تہی دست ہوں

سارى يادوں کے بدلے میں بس ایک دِن چاہتا ہوں جو مریم کی تقدیر میں لکھ سکوں
ایک دِن
جس کی آنکھوں کی تقدیر میں
کوئی آنسو نہ ہو
جو بہت صاف،
دھوئی ہوئی دھوپ اوڑھے ہوئے آئے
جس میں
جُدائی کی افسردہ خوشبو نہ ہو

۳/۱/۱۹۷۸ء بمبئی

غزل

ہجر کی کالی مٹی توڑیں چاند ستارے بوئیں
تھک جائیں تو کھیت کنارے لمبی تان کے سوئیں

سانس بھی لو تو ایک اندھیرا دِل کے اندر اُترے
ہم اِس میلی دھوپ کو یارو کِس پانی سے دھوئیں

شاید آج یہیں سے پھوٹے، سورج چاند کی کونپل
آؤ بنجر رات کو اپنے دِل کے خوں سے بھگوئیں

ٹوٹے پھوٹے، آدھے اُدھورے سپنوں کی یہ بستی
اِس نگری میں آنے والے، کیا پائیں کیا کھوئیں

ہر گھر میں اُس کا سناٹا، ہر بستی ویرانہ
آنکھیں پوچھ رہی ہیں، سپنے کِس صحرا میں بوئیں

۱۰/۹/۱۹۷۸ء، بمبئی

غزل

عشق کا اپنے اظہار تو کیجیے
یہ صلیبوں کا بن پار تو کیجیے

سر اُٹھانے کا حق اِتنا آساں نہیں
سر جُھکانے سے انکار تو کیجیے

جان دینے کی منزل بہت سہل ہے
پہلے جینے کا اقرار تو کیجیے

کیسی زنجیرِ در کیسی زنجیرِ پا
لفظ کو تیز تلوار تو کیجیے

۴ ؍ ۷ ؍ ۱۹۸۰ء، مدراس

باون سال پُرانی آنکھیں

باون سال پرانی آنکھیں
کب تک جاگیں
دیکھے اَن دیکھے سپنوں سے بھاگیں

دشتِ تمنّا
لمحہ لمحہ
ہر لمحہ اک ریت کا ذرّہ
ہر ذرّہ اک پورا صحرا
گِنتے گنتے ہار گئے ہم
لگتا ہے بیکار گئے ہم
دیکھے ان دیکھے سپنوں سے کب تک بھاگیں
کب تک جاگیں
باون سال پرانی آنکھیں
نیند کے بوسیدہ دوہر کو کب تک تاگیں
کب تک جاگیں
ساری پریاں

سبز
سنہری
کالی پیلی پیاری پریاں۔
بوڑھی پن کُٹی سے شاید اب بھی باہر آتی ہوں گی
اُس آنگن میں
جس کی رات بکھی ہیں ہم نے جانے کب سے
لیکن نوکِ زبان پر شاید
جس کا مزہ موجود ہو اب بھی!

ہار سنگار سے پھولوں والی ایک لتر تھی
جو اک پیل سنگھی کا گھر تھی
گھر سے اکثر خط آتے ہیں
لیکن اُس پیل سنگھی کے بارے میں کوئی کچھ نہیں لکھتا
بیلے کے اُن پھولوں،
اور چمیلی کی ان شاخوں کے بارے میں کوئی کچھ نہیں لکھتا
جن سے ساتھ کی سوئی جاگی ساری راتیں
ساتھ کے کھیلے سارے دن مہکا کرتے تھے
بید کی وہ لمبی سی کرسی
جس پر ابا
صبح کی چاء سے کچھ ہی پہلے
بیٹھ کے
نیچے والی سڑک کو

روز سنایا کرتے تھے اپنے بوڑھے قرآن کی پُراسرار آوازیں
کوئی ہمیں یہ کیوں نہیں لکھتا
اُس کرسی پر کیسی گذری
وہ کرسی اب کیسی ہوگی
کیا وہ اب بھی ہال کے کونے میں رکھی ہوگی'

سامنے والی سڑک پر آخر شور ہے کیسا
گاندھی جی کی ٹولی ہوگی
یا پھر شاید ہولی ہوگی
یا شاید اُس رام دئی سبزی والی نے
کچھ سے زیادہ کم پھر سبزی تولی ہوگی

یادوں کی گلیوں میں گلیاں
سوکھے پھول
کنواری کلیاں
ساتھ کے کھیلے سارے دشہرے
وہ ہمجولی دُلدُل' وہ تابوت' وہ ماتم
سارے ننگے پاؤں محرّم
جن کے بِن خالی خالی لگتا ہے مجھ کو اب ہر موسم
جانے کتنی بار جگی ہے میرے ساتھ یہی دیوالی
مجھ سے آج جو ناواقف ہے
جس کے لئے میں بیگانہ ہوں

لاکھوں لاکھ، کروڑوں روشن ہاتھوں والی ساری راتیں
جگ مگ کرتی
پائل جیسی بجتی، کھنکتی ساری راتیں
ہر دیوار پہ،
ہر چوکھٹ پر،
ہر آنگن میں لوئیں لہرائیں
رات کے کالے پانی میں بہتی نوکائیں
نیند کا دریا سوکھ چلا ہے
یہ نوکائیں ڈوب نہ جائیں
جب تک نیند نہ آئے تب تک جاگیں
دیکھے اَن دیکھے سپنوں سے بھاگیں
باون سال پرانی آنکھیں

گھر کے پیچھے والے پیپل کی شاخوں پر
آج بھی شاید لٹکی ہوں گی
بچھڑی ہوئی ساری دوپہریں

نیم تلے اک جمگھٹ ہوگا
ہرے بھرے قہقہوں کا جنگل
اُمیدوں کی ساری نہریں
بچھڑی ہوئی ساری دوپہریں
اماں کی اَن پڑھ معصوم محبت

ڈانٹوں کا خوش رنگ ڈوپٹہ اوڑھے . . .
گھر کے پیچھے والے پیپل کی شاخوں پر لٹکا ہوگا
بڑھیا کے کاتے کا جنگل
منگلا رائے کے سارے دنگل
بچپن کے وہ رنگ برنگے سارے ساون
کھلتے برستے سارے بادل
شاید اس پیپل ہی میں ہو راتی تیری صلیب کی لکڑی
چلیں،
اُسی پیپل سے پوچھیں
ہم نے آخر کیا کھویا ہے
ہم نے آخر کیا پایا ہے

اس سیمنٹ کے جنگل میں ہم کھو گئے شاید
راہوں کی یہ بھول بھلیاں
کوئی راہ کہیں نہیں جاتی
چلتے چلتے،
جوتے کے تلے کی طرح اس شہر میں چہرے بھی گھستے ہیں
ہر چہرے کے نیچے سے ایک ناشتہ دان نکل آتا ہے
باسی خوابوں کی روٹی کھا کھا کر کوئی
آخر کب تک جی سکتا ہے

۱؎ میرے لڑکپن کے غازی پور کے ایک مشہور اور بہت بڑے پہلوان

تازہ خواب کہاں سے لائیں
کِس بازار تک آخر جائیں ؟
کتنی دُور یہاں سے ہوگا
بولو،
"آدھا گاؤں" ہمارا ۱؎
چلیں وہیں اور
آٹھ محرّم کی مجلس کا حلوہ کھاکر
ہم پھر تازہ دم ہو جائیں
اور وہیں سے
کوئی سفر آغاز کریں ہم
وہاں سے ناتا ٹوٹ گیا تو
ہم بھی شاید
ناشتہ دانوں کے جنگل میں
چلتے چلتے تھک جائیں گے
پیٹ کے اندھے کنوئیں میں کود کے شاید اک دن مر جائیں گے

باون سال پرانی آنکھو !
ہم کو بچالو
باون سال پرانی آنکھو !
سو جاؤ،
اور سپنے دیکھو
نئے پرانے سپنے دیکھو

۱۰ ستمبر ۱۹۸۰ء بمبئی

۱؎ میرے ایک ناول کا نام

غزل

ہر گلی ہجر کی اک گلی بمبئی شہر میں
درد کے راستے ہیں کئی بمبئی شہر میں

ہر پڑوسی کوئی اجنبی بمبئی شہر میں
کیسے زندہ رہے آدمی بمبئی شہر میں

رہن رکھتے ہیں عہدِ وفا سارے اہلِ ہنر
کون کس سے کرے دوستی بمبئی شہر میں

نسخہ گر صحرائے دِل بے اثر، چارہ گر
ایسی گھائل ہوئی تشنگی بمبئی شہر میں

۲۹/۶ سنہ ۱۹۸۰ء، بمبئی

دردِ تنہائی کا

نیم کے پیڑ میں اٹکا ہوا چاند
نیم کے پیڑ سے چھن چھن کے برستا ہوا درد
درد یادوں بھری تنہائی کا
درد اُن یادوں کی رعنائی کا
درد شبنم کے بیاباں میں مری پیاس کی زیبائی کا
درد ہر لمحہ کی جلتی ہوئی پہنائی کا
عشق و احساس شکیبائی کا درد
وقت کے چہرے پہ ہے گزری ہوئی شام کی گرد
رات کے ہاتھ ہیں سرد
نیم کے پیڑ سے چھن چھن کے برستا ہوا درد
اور ہر درد ہے مانند
نیم کے پیڑ پہ اٹکا ہوا چاند

۲۹/۹ستمبر ۱۹۸۰ء بمبئی

شکایت

رات کے بعد بھی رات آتی رہی ہے اب تک
کل کا کچھ ٹھیک نہیں
کیا پتہ
رات ہی آجائے پھر اس رات کے بعد
ایسا لگتا ہے کہ اب
نیند کے پیڑ میں خوابوں کا کوئی پھول نہیں۔۔۔
آج کی رات گزر جانے دو
صبح تک ہم بھی گزر جائیں گے
بندھ چکا رختِ سفر
زخم
زخموں کے نشاں
بے وفائی کا نمک
سارے گہنائے ہوئے چاندوں کا درد
ساری جاگی ہوئی راتوں کی تھکن
سارے ٹوٹے ہوئے خوابوں کی چبھن
دل میں اترے ہوئے سارے نشتر
بندھ چکا رختِ سفر

آرزوؤں کی مٹھاس
تھوڑی سی جینے کی پیاس
مہرباں دوپہر کے دن کا کوئی پل
چارہ گر زلفوں کی شب سے کوئی روشن لمحہ
چمپئی وقت کی خوشبو میں بسائی ہوئی اوس
اُس کی زیبائی کے سارے موسم
اُس کی دلداری کی ہر راہ گزر
بندھ چکا رختِ سفر
تو بھی اے رات گزر
صبح تک ہم بھی گزر جائیں گے

ہاں
مگر صبح سے کہنا کہ کوئی جاگ رہا تھا کب سے
ننگے سر
آبلہ پا
اُس کی طرف بھاگ رہا تھا کب سے
ہر نئے موڑ پہ اک درد کے صحرا کے سوا کچھ نہ ملا
ہر جگہ وعدہ فردا ہی ملا
وعدہ فردا کے سوا کچھ نہ ملا
دفن کرتا ہوا ہر نقشِ قدم میں کسی لمحہ کا سفر
اپنے سینے میں اُگائے ہوئے اُمید کے مہتاب کئی
جاگ رہا تھا کب سے
ننگے سر
آبلہ پا

اُس کی طرف بھاگ رہا تھا کب سے
ہاں
مگر جاگتے رہنے کی بھی حد ہوتی ہے

۱۷/۷ ۱۹۸۱ء بمبئی

ورنہ زندگی کیا ہے

گھر سے نکلیں تو سہی
اپنی وحشت کے لئے ڈھنگ کا صحرا ڈھونڈھیں
اوس کی جھیل حسرت کا جزیرہ ڈھونڈھیں

وقت بہتا ہوا دریا ہے تو کیا
سُرخروئی کا کوئی ایک تو لمحہ ہوگا

چلیں زنداں کی طرف
دار کے سائے میں کھڑے ہو جائیں
ڈھل چلی عمر کی دھوپ اب تو بڑے ہو جائیں

۱۳/۸ ستمبر ۱۹۸۱ء بمبئی

اقرار

جرم اظہار کریں
زندگی!
تو ہمیں باہوں میں جکڑ
ہم تجھے پیار کریں
موسمِ وحشتِ دل آیا ہے
درد کے راستے ہموار کریں
عشق آئینہ بنے
تیری محبوبی کے ہر عکس کو چھُو کر دیکھیں
تیری دلداری کے لمحوں کو گرفتار کریں
جب تلک ہونٹوں میں طاقت ہے
تجھے چومیں
تجھے چومتے جائیں
ترے دیوانے ترے چار طرف گھومیں
ترے چار طرف گھومتے جائیں
لمس کا نشہ چڑھے
یوں ہی سرشار رہیں
تیرے بیمار رہیں
آ
تجھے عشق سکھا دیں
تجھے بیمار کریں
اور پھر تیری مسیحائی کا اقرار کریں

۱۴/۸/۱۹۸۱ء بمبئی

اپنی آنکھوں کو سنبھالے رکھنا

ہجر کی رات کٹی
صبح ہوئی
درد کی صبح ہوئی
ملگجے وقت کے بوسیدہ کفن میں لپٹی
شمعِ کشتہ کے دھوئیں کی تحریر
خواب کے شہر میں ٹوٹی ہوئی، بکھری ہوئی ہر اک تعبیر
میرے جنوں کی تقدیر
کہیں بچی نہیں کوئی زنجیر

دوستو!
درد کا یہ دِن بھی گزرنے کے لئے آیا ہے
شام تک یہ بھی گزر جائے گا
اپنی آنکھوں کو سنبھالے رکھنا
ہجر کی رات میں کچھ خواب اُگانے کے لئے
انھیں آنکھوں کی ضرورت ہوگی

۱۴/۸/ ۱۹۸۱ء بمبئی

غزل

دل کے زخم چھپاؤ گے کب تک، کب تک بات بناؤ گے
راہی جی لوگوں نے جو پوچھا کس کا نام بتاؤ گے

اپنے پاؤں کے چھالے دیکھو صحرا تو سب دیکھ لئے
چلتے چلتے تھک گئے ہو گے، بولو کب گھر جاؤ گے

میں کہتا ہوں اپنی آنکھوں کے دروازے بند کرو
ورنہ پھر سپنے دیکھو گے، پھر اُن سے شرماؤ گے

تم خود دیکھو، ہم جیسوں کا دُنیا نے جو حال کیا
جب بھی سچ بولو گے یہاں پر دیوانے کہلاؤ گے

مدراس ۲۷/۳ ۱۹۸۲ء

اجنبی شہر نہیں ہے کوئی

اجنبی شہر نہیں ہے کوئی
کون سا شہر ہے وہ
جس میں کبھی
چاند نکلا نہ ہو دِلداری کا
ذکر ہوتا ہی نہ ہو، جس کے مسیحاؤں میں
دِل کے بیماروں کا یا عشق کی بیماری کا

اجنبی شہر نہیں ہے کوئی
کون سا شہر ہے وہ جس کے گلی کوچوں کی دیواروں پر
کوئی افسانہ لکھا ہی نہ گیا ہو اب تک
جس کے بازاروں سے صحرا کی طرف
کوئی اپنے سے جدا ہی نہ گیا ہو اب تک
جس کی راتوں کے نیند اسے کسی لمحہ کو جگانے کے لئے
قصۂ اہلِ وفا ہی نہ گیا ہو اب تک

اجنبی شہر نہیں ہے کوئی
کون سا شہر ہے وہ جس نے کبھی
اپنے طرح داروں کو
کج کلہ والوں کو،

فن کاروں کو

پھول کی طرح سجایا نہ ہو گل دانوں میں
شمع کی طرح جلایا نہ ہو بے ہوش طرب خانوں میں
مے کی مانند اُنڈیلا نہ ہو پیمانے میں
اور گرایا نہ ہو پیمانے سے

اجنبی شہر نہیں ہے کوئی
کون سا شہر ہے وہ
جس نے کبھی
اپنے دیوانوں کے کندھوں پر سجائی نہ صلیب

اجنبی شہر نہیں ہے کوئی
شام جس شہر میں ہو
ہم اُسی شہر کے ہوں
اور کندھوں پر صلیبوں کی جو تحریریں ہیں
شہریت کے وہی پرانے ہیں
اپنے افسانے اُسی شہر کے افسانے نہیں
ہم اُسی شہر کے دیوانے بنیں
اجنبی شہر نہیں ہے کوئی

۳/۴ ۱۹۸۲ء بمبئی

غزل

سچ تو یہ ہے اپنی وحشت ناکام ہوئی
اُس کی گلی یارو ناحق بدنام ہوئی

رفتہ رفتہ وقت کا نشتر تیز ہوا
دھیرے دھیرے درد کی دولت عام ہوئی

مشکل سے اپنے غم پر ہنسنا آیا
مشکل سے یہ چنچل ہرنی رام ہوئی

دن بھر بھٹکے ہیں دل کے ویرانے میں
راہیؔ صاحب گھر چلیئے اب شام ہوئی

۲۶/۵ ستمبر ۱۹۸۲ء بمبئی

غزل

منزل گم راہوں کے نشاں معلوم نہیں
آج کا دن گزرے گا کہاں معلوم نہیں

اُن لوگوں سے یوں بھی کیا کہہ سکتا ہوں
جن لوگوں کو دل کی زباں معلوم نہیں

آؤ ہم سے پوچھ لو درد کی اِک اِک بات
کب کٹ جائے گی یہ زباں معلوم نہیں

اہلِ خرد کو شوق ہوا ہے وحشت کا
لیکن رسم و رہِ زنداں معلوم نہیں

ہم برسوں سے پتھر کے اس شہر میں ہیں
کیسا ہے شیشے کا جہاں معلوم نہیں

کن رستوں سے آتا ہے اب موسمِ گل
اب کھلتے ہیں پھول کہاں معلوم نہیں

موسم ہے نم، رنگ ہوا کا گیلا ہے
کیوں اُٹھتا ہے دل سے دھواں معلوم نہیں

۶/۸ ۱۹۸۳ء بمبئی

فصلِ رسوائی و شہادت

حسین میں بھی ہوں
اس زمانہ کی' کربلا میں
فرات کے تشنہ لب کناروں کو اپنی سیرابی کی کہانی سنا رہا ہوں
خبر کرو آفتابِ شرمندہ کو
کہ مقتل میں سر برہنہ
وضو کئے اپنے ہی لہو سے
نمازِ عصرِ جدید پڑھنے میں جا رہا ہوں
میرے زمانے کے سارے شمر و یزید آئیں
اور اپنی اپنی سنانیں لائیں
اُنھیں سنانوں پہ ہم شہیدوں کے سر اُٹھیں گے
کہ آج میں سربلندیوں کی کہانیاں پھر سنا رہا ہوں
خبر کرو
ساری زینبوں
سارے عابدوں
سارے اکبروں
سارے اصغروں کو
کہ فصلِ رسوائی و شہادت پھر آگئی ہے۔

۲۳/۹ ۱۹۸۲ء بمبئی

پھر گلی آگئی درد کی

پھر گلی آگئی درد کی
پھر کسی چارہ گر کا پیام آئے گا.
زخم کا چاند نکلے گا پھر
مرہم خاکِ راہِ وفا مانگتا
ہجر کی انتہا پوچھتا
جاگنے کا صلہ مانگتا
صبح کے حق میں کوئی دعا مانگتا
زخم کا چاند نکلے گا پھر
پھر کسی چارہ گر کا پیام آئے گا
آج کی رات کے درد کا سلسلہ
کیا پتہ کس مسیحا کے کام آئے گا
پھر گلی آگئی درد کی
نم ہوئی پھر زمیں
پھر گریباں کی آنکھیں کھلیں
سانس لینے لگی بستیں
مقتلِ آرزو،
مقتلِ اہلِ دل آس ہی پاس ہو گا کہیں
ٹھیک سے راستہ پوچھ لو

زخم کے چاند سے
قاتلوں کا پتہ پُوچھ لو
پھر نکالو کفن
اپنے سر
اپنا رختِ سفر باندھ لو
پھر گلی کا کُئی درد کی

۲۴/۲/۱۹۸۳ء

رات کا پیڑ

راستے
چاندنی اوڑھ کر سو گئے
جھیل پر نیند کی سلوٹیں پڑ گئیں
آہٹیں
پہلے پیلی پڑیں
اور پھر
ایک اک کر کے سب جھڑ گئیں
رات کا پیڑ
دستِ دعا بن گیا
اپنی ہی ذات سے
اپنے ہی آپ کے بیچ کا فاصلہ بن گیا
درد کا راستہ بن گیا
ایک بوڑھا،
پُراسرار درویش
جو سیکڑوں ہاتھ اپنے اُٹھائے ہوئے
آسمان کی طرف

دیکھتے دیکھتے تھک گیا
آسماں چُپ رہا
رات کے پیڑ کے ہاتھ دُکھنے لگے
پھر وہی پیڑ
وحشت کا اک سلسلہ بن گیا
قصّہ اہلِ دل،
قصۂ صاحبانِ وفا بن گیا
زخموں کی کونپلیں آگئیں
اور اُس پیڑ نے جُھک کے مجھ سے کہا:
صبح کے شوق میں جاگنے سے بڑی کوئی نعمت نہیں
اپنی آنکھوں کو تم
صبح کے شوق میں
جاگنے اور جگانے کی تعلیم دو

۲/۱۱/۱۹۸۲ء حیدرآباد

غزل

سورج جی کو دیکھا تو کچھ بات بنالی یارو
لیکن ہم نے مشکل سے یہ رات نکالی یارو

ہم نے اپنے جینے کی یہ راہ نکالی یارو
ہر دریا پر تھوڑی تھوڑی پیاس بجھالی یارو

غیر اندھیرے کی آنکھوں میں گھول کے آنسو اپنے
جب رات آئی شوق سحر کی شمع جلالی یارو

آؤ چلیں چل کر اُس کے احوال تو پوچھ ہی آئیں
ایک زمانہ سے صحرا ہے خالی خالی یارو

لوگوں نے جب یہ پوچھا تم کون ہو کیسے آئے
خاکِ رہِ صاحب نظراں چہرہ پہ لگالی یارو

۵/۹ ۱۹۸۳ء بمبئی

چاند نے مجھ سے کہا

رات
میرے دل کے آنگن میں اُتر کر
چاند نے
مجھ سے کہا
مت جنوں کر اس قدر
مر جائے گا
لوگ تیرے پیرہن کے تار،
تیرے پاؤں کے چھالے،
تیرے ماتھے کی دھول
اپنے گھر لے جائیں گے
اور اُن چیزوں کو وہ خود
اپنی وحشت کی علامت کی طرح
سرکار کو دکھلا کے پنشن کھائیں گے
راستے پر تو پڑا رہ جائے گا
پچھتائے گا
مت جنوں کر اس قدر
مر جائے گا
چاند سے میں نے کہا: مرنا مری تقدیر ہے

۳/۶ ۱۹۸۳ء، مدراس

ہجر کا دریا

آج اور کل کے بیچ میں
جانو
ایک جدائی کا دریا ہے

اس دریا میں
میرے، تمہارے آج کا سورج ڈوبا
آؤ
ہم تم
ہجر کے اس بہتے دریا کے کالے پانی میں اپنے سپنوں کچھ نوکائیں ڈالیں
سپنوں کی اُن نوکاؤں پر
ہجر کے اس کالے دریا کو پار کریں
اور سورج کے اُجلے ساحل پر اُتریں

۲ / ۱۹۸۳ء مدراس

غزل

مضمحل ہارا ہوا تنہا مِلا
جو مِلا اس شہر میں ایسا مِلا

کھنچ گئے ہیں اس قدر اب فاصلے
اپنے پائیں باغ میں صحرا ملا

کل جن آنکھوں میں اُگا کرتے تھے خواب
آج اُن میں کل کا اندیشہ مِلا

پیاس بیچی جس سمندر کے لئے
وہ سمندر اور بھی پیاسا مِلا

۸؍۳؍۱۹۸۳ء بمبئی

غزل

دوستو، جان پہ بن آئی ہے
یہ بڑے شہر کی تنہائی ہے

سر ہتھیلی پہ اُگا ہی لے گا
جس نے جینے کی قسم کھائی ہے

مارنا بھی نہیں آتا جن کو
اُن کو بھی شوقِ مسیحائی ہے

سچ اگر بولوں تو کٹتی ہے زبان
اور چُپ رہنے میں رسوائی ہے

اب کی برسات میں برسے گی خزاں
کس قیامت کی گھٹا چھائی ہے

۱۲/۸ ۱۹۸۳ء، بمبئی

کوئی عنوان نہیں

پھر ہوئی شام
پھر آنکھوں پہ مصیبت آئی
پھر کوئی خواب بنُو
خواب بنُو
خواب بنُو
پھر کوئی خواب بنُو صبح کی دلداری کا

اُس کے عارض کے گلابوں سے نکلتا سورج
اُس کی زلفوں کے اندھیرے میں اُگایا ہوا دِن
اُس کی باہوں کے مہکتے ہوئے چندن سے اُٹھایا ہوا دِن
اُس کی پیشانی کے شفاف اجالے میں نہایا ہوا دِن
اُس کی سانسوں کی چمیلی میں بسایا ہوا دِن
اُس کے ہونٹوں کی گلابی میں پگھلتا سورج
دِن چڑھا اپنے گریبانوں سے بیزاری کا
پھر ہوئی شام
پھر آنکھوں پہ مصیبت آئی
پھر کوئی خواب بنُو صبح کی دلداری کا

گھاس پر لیٹی ہوئی
اُوس میں بھیگی ہوئی دھوپ
تال پر اُتری ہوئی
صحن میں پھیلی ہوئی دھوپ
کہیں کچنار میں الجھی
کہیں گل مہر سے چھنتی ہوئی دھوپ
کہیں برگد کی گھنی چھاؤں میں بیٹھی ہوئی دھوپ
وقت کے عطر میں ڈوبی ہوئی،
مہکی ہوئی دھوپ
خاص موسم ہے یہی عشق کے بیماروں کا
خاص موسم ہے یہی عشق کی بیماری کا
پھر ہوئی شام
پھر آنکھوں پہ مصیبت آئی
پھر کوئی خواب بنو
خواب اُس صبح کا، جو
جانے کب آئے گی،
پر آئے گی
دِل کی گلیوں میں بچھانے کو اُجالا اپنا

۱۳/۸ ستمبر ۱۹۸۳ء بمبئی

غزل

اگر اُس کی نہ میری ہو رہی ہے ٭ تو یارو بات کِس کی ہو رہی ہے
کہیں سورج مِلے تو اس سے کہنا ٭ ہماری رات لمبی ہو رہی ہے
میں جس کی چھاؤں میں بیٹھا ہوا ہوں ٭ وہی دیوار ٹیڑھی ہو رہی ہے
کہاں سے آ رہی ہے گرد اتنی ٭ شبِ مہتاب میلی ہو رہی ہے

کوئی سورج مکھی آیا چمن میں
ہوائے گل سنہری ہو رہی ہے

۱۳/۱۱/۱۹۸۳ء بمبئی

غزل

مجنوں کی سچائی کتنی، سارا تو افسانہ ہے
شہرت جس کو راس آجائے وہ کیسا دیوانہ ہے

میرے رقیب سند یہ لائے اپنے قد کی بلندی پر
سرو قدوں شمشاد قدوں میں اُن کا آنا جانا ہے

اپنا سر وہ کیسے جھکائے اس ساگر کی چوکھٹ پر
گنگا جی کے تٹ پر یارو جس جوگی کا ٹھکانہ ہے

سب یہی سمجھے، ہم بھی کوئی لفظوں کے سوداگر ہیں
آنکھوں کے اس جنگل میں بھی کس نے ہمیں پہچانا ہے

میرے ساتھ مرا سورج ہے میرے ساتھ مرا سایہ
تنہائی تو اُن کی دیکھو، جن کے ساتھ زمانہ ہے

ہم سے پوچھو یہ کیا شئے ہے، ہم جلنے کو آئے ہیں
اس کو تبرک جان کے لے لو، یہ خاکِ پروانہ ہے

۱/ستمبر ۱۹۸۱ء، بمبئی

غزل

باہر آتے ڈرتے ہیں اپنے اپنے افسانے سے
کل تک جو دیوانے تھے، اب لگتے ہیں دیوانے سے

سب کے پاس کئی ناصح ہیں، اور سبھی سمجھاتے ہیں
اکثر لوگ بگڑ جاتے ہیں، بہتوں کے سمجھانے سے

جس کی پیاس کو کم پڑتی ہو صحرا کی پہنائی بھی
اُس کی پیاس نہ ناپی جائے ساقی کیسے پیمانے سے

کیوں اتنے مغرور ہیں راہی کیوں اتنا اتراتے ہیں
گنگناٹ ویران نہ ہوگا اِک اُن کے اُٹھ جانے سے

۱۶ر اگست ۱۹۸۴، بمبئی

غزل

ہر اک سعئ خرد بیکار ٹھہری — جنوں کی بات ہی ہر بار ٹھہری
نہ جب اہلِ خرد نے بات مانی — تو پھر شرطِ صلیب و دار ٹھہری
مہک پہچانتی ہے خونِ دل کی — زمیں کوچۂ دلدار ٹھہری
تو ہی خود دیکھ شہ رگ بچ رہی ہے — کہاں آ کر تری تلوار ٹھہری
جنوں کو ڈھونڈنے نکلی تو ہم پر — نگاہِ لمحۂ بیدار ٹھہری
کبھی مقتل رہا ہوگا یقیناً — جہاں زنجیر کی جھنکار ٹھہری
پلاؤں چاند کا امرت کہاں تک — یہ دُنیا روز کی بیمار ٹھہری

یہی تو امتحانِ رہروی ہے
تمنا دشت کے اُس پار ٹھہری

۱۵/۴/۱۹۸۴ء، بمبئی

بے مطلع

راتیں پردیس کی، ڈرتا تھا کٹیں گی کیسے
یہ ستارے تو وہی ہیں، مرے آنگن والے

سولیاں نصب رہیں، قحطِ جنوں ہے بھی تو کیا
کچھ نہ کچھ اب بھی نکل آئیں گے گردن والے

بجلیاں ڈھونڈھ رہی ہیں کوئی گرنے کی جگہ
اِتنے محفوظ نہیں آج نشیمن والے

شاید اب پھوٹے گریباں سے جنوں کا انکور
آج جھونکے تو ہواؤں کے ہیں ساون والے

۲۸/۴/۱۹۸۲ء بمبئی

غزل

میں جو وحشت میں اکیلا نکلا میرے پیچھے مرا صحرا نکلا
جب جنوں والوں کا قصہ نکلا سب میں اک درد کا رشتہ نکلا

میرے ہاتھوں میں لکیروں کے سوا اے منجّم یہ بتا کیا نکلا
میں سمجھتا رہا جس کو آنگن وحشتِ تنہائی کا ٹکڑا نکلا

دُور پانی جو نظر آتا تھا
وہ تمنّا کا تماشہ نکلا

۲۹/۴ ۱۹۸۴ء بمبئی

غزل

یہ مہربان تھا تو وہ نامہرباں لکھوں
موقع ملے تو تذکرۂ دوستاں لکھوں

اب میرے سامنے کوئی دیوار بھی نہیں
لکھنا تو چاہتا ہوں، بتاؤ کہاں لکھوں

کانٹوں کو پھول، پیاس کو آبِ رواں لکھوں
کیسے میں اس خرابہ کو رشکِ جناں لکھوں

دشتِ جنوں کی ضد ہے کہ لکھ خیریت کا خط
میں پوچھتا ہوں کس کو لکھوں اور کہاں لکھوں

۵/۵/۱۹۸۴ء بمبئی

۱۷ مئی سنہ ۱۹۸۴ء

یہ تو موسم ہے وہی
درد کا عالم ہے وہی
بادلوں کا ہے وہی رنگ
ہواؤں کا ہے انداز وہی
زخم اُگ آئے درو دیوار پہ سبزہ کی طرح
زخموں کا حال وہی
لفظوں کا مرہم ہے وہی
درد کا عالم ہے وہی
ہم دِوانوں کے لئے نغمۂ ماتم ہے وہی
دامنِ گل پہ لہو کے دھبّے
چوٹ کھائی ہوئی شبنم ہے وہی
یہ تو موسم ہے وہی
دوستو...
آؤ
چلو
خون کی بارش ہے نہالیں ہم بھی
ایسی برسات کئی برسوں کے بعد آئی ہے۔

۱/۶/سنہ ۱۹۸۴ء بمبئی

غزل

اتنی سی بات کا اتنا بڑا افسانہ بنا
کوئی دیوانہ ہوا ہے کوئی دیوانہ بنا

وہ زیارت گہہ مجنوں بہت آباد ہوئی
اپنی وحشت کیلئے اب کوئی ویرانہ بنا

یا مرے کندھوں پہ رکھ پھر وہی عیسیٰ کی صلیب
یا تو پھر میری طبیعت کو غلامانہ بنا

جلنے کے مزے میں مزا کیا ہے، جلو اور جیو
زندگی جس کو نہ راس آئی وہ پروانہ بنا

اُجرتِ ہجر نہ مانگ، اپنا گریباں نہ بیچ
عشق کرنا ہو تو کر، عشق کو پیشہ نہ بنا

کھڑکیاں بند نہ کر، دل کی دکانیں نہ جلا
بمبئی جیسے حسین شہر کو صحرانہ بنا

مکتبِ عشق کا یہ پہلا سبق ہے راہی
ہاتھ کٹوا لے، مگر ہاتھ کو پیالہ نہ بنا

۲۰/۷ ۱۹۸۴ء بمبئی

غزل

ہوگا بھی تو دھندلا ہوگا جن پہ ہمارا نام
ہم اُس شہر کی دیواروں کو کیا بھیجیں پیغام

جاگتی آنکھوں کے سپنے بھی آئے نہ میرے کام
دل کی گلی میں دھیرے دھیرے اُتری ہجر کی شام

شہر جنوں میں جینا کیسا ہے یہ کیسے بتلاؤں
شیریں جیسی ساری صبحیں، لیلی اسی ہر شام

کوئی رفوگر مل جائے تو کرنا میرا ذکر
اب بھی بہت نکلے گا میرے دل میں رفو کا کام

چاندنی راتیں ماہ رخوں کی یاد میں جاتی ہیں
صرف اندھیری راتیں آتی ہیں سپنوں کے کام

نیندیں بیچ کے ہم نے اتارا جس صحرا کا قرض
اب وہی ہم سے مانگ رہا ہے، بے خوابی کا دام

۲۵/۱۰/۱۹۸۴ء بمبئی

غزل

راہی تم بھی تھے جری، یاد کرو
بات کہتے تھے کھری یاد کرو

سر جھکائے ہوئے کیوں بیٹھے ہو
اپنی شوریدہ سری، یاد کرو

پلکوں پر خواب اُگا لیتے تھے
موسمِ دیدہ وری، یاد کرو

شہر میں چلنے لگے پتھر پھر
پھر فنِ شیشہ گری، یاد کرو

نکہتِ گل سے ہو رنجیدہ کیوں
عشق کی دربدری یاد کرو

جس کے سائے میں جنوں سیکھا تھا
وہ تھی اک لال پری یاد کرو

۱۲/۱۰ سنہ ۸۴ء بمبئی۔

دوغزلہ

مجھ سے یہ مت پوچھو کیا ان آنکھوں کی بیماری ہے
چمپے جیسی رنگت والی وہ اک سندر ناری ہے

ململ کی ساری ہے تن پر، ہاتھوں میں پچکاری ہے
ہم نے سنا ہے اس کی گلی میں ہولی کی تیاری ہے

اُس کے گلابی رخساروں پر پھیلی بوند پسینے کی
یا کچنار کے دامن پر یہ اُوس کی ہلکی دھاری ہے

ہونٹوں میں سورج بیٹھا ہے رات اتری ہے بالوں میں
آنکھوں میں گہرا کاجل ہے، پاؤں میں پایل بھاری ہے

یا یہ سمجھ لو نیند میں ہے خوشبو کا کوئی چنچل جھونکا
یا پھر اُس کا جسم، یہ سمجھو جوہی کی اک کیاری ہے

چاند ستاروں میں بھٹکے ہیں صحراؤں میں گذاری ہے
ہم نے بڑی مشکل سے یارو تب یہ زمیں اتاری ہے

کل کی جانب دیکھیں کیسے، ایک بڑی دشواری ہے
آنکھ اُٹھانا سہل نہیں ہے، سپنا اتنا بھاری ہے

اس نیچے آکاش تلے تو سر بھی اُٹھانا ہے مشکل
ایسے میں جی لینا بھی آسان نہیں فن کاری ہے

تم کہتے ہو، رات کی شاخوں پر سورج کے پھول آئے
میں کہتا ہوں: راگ تو ہے یہ، راگ مگر درباری ہے

دھوپ کڑی ہے، سایہ مت دے سائے کا امکان تو ہے
اے صحرا! تجھ سے تو ہماری اتنی پرانی یاری ہے

اپنے پرانے سپنے دے کر لے لو نئے سپنے اس سے
یہ بنجارہ راہی، لوگو! سپنوں کا بیوپاری ہے

۲/۱/۱۹۸۵ء بمبئی

غزل

محفل والے جلدی میں ہیں جانے کی
پھر ہم کیوں توہین کریں افسانے کی

یا تو اُس کے زخموں کا مرہم لاؤ ؎ یا پھر حالت مت پوچھو دیوانے کی
سچائی گم گلیوں میں پیوندوں کی ؎ وقت نے کیا حالت کر دی افسانے کی
ذہن نے کتنے بُت توڑے لیکن دِل میں ؎ اب بھی کھڑکی کھلتی ہے بُت خانے کی
ناصح صاحب آپ تو اپنی حد میں رہیں ؎ منزل پیچھے چھوٹ گئی سمجھانے کی

ہم ہیں اپنے ماہ رخوں سے شرمندہ
ہم نے ہی ضد کی تھی چاند پہ جانے کی

۲۸/۳ ۱۹۸۵ء، بمبئی

کلکتہ مر رہا ہے

نہ جانے کون سا اخبار تھا وہ
کسی نیتا کا اِک بھاشن چھپا تھا
کہ کلکتہ تو کب کا مر چکا ہے
(کہ شاید مر رہا ہے)

مجھے ملتا جو وہ نیتا تو اُس سے پوچھتا اتنا
کہ بھیّن، یہ بتا دو
کہ اس ہندوستان، جنّت نشان میں
کوئی زندہ نگر،
بستی،
محلّہ
کس طرف ہے
جسے ہندوستان کہتے ہیں ہم سب
وہ مُردہ بستیوں کا ایک قبرستان ہے اب
وہ اِک شمشان ہے اَب

۲۷ مئی ۱۹۸۵ء، مدراس

دار و زنجیر کا راستہ

شام کی ملگجی روشنی
آج کے قاتلوں کا پتہ پوچھتی
اپنے کل کے لئے کربلا ڈھونڈھتی
شہرِ بادِ صبا کی طرف جانے والا کوئی راستہ پوچھتی
میرے دِل کی طرف آ گئی
میرے دِل نے کہا:
آج کے قاتلوں کا پتہ بھی وہی
کربلا بھی وہی
شہرِ بادِ صبا کے لئے
دار و زنجیر کا راستہ بھی وہی

۴/۶/ ۱۹۸۵ء بمبئی

رَدیف بمبئی

ایک دِن گھر سے نِکل اے بمبئی آ، ہمارے گاؤں چل، اے بمبئی
سرد ہیں دن، سرد ہیں لفظوں کے ہاتھ تو کبھی میرے ساتھ چل، اے بمبئی
تیری چوکھٹ پر ہے ساگر سوچ مت غسل کر، کپڑے بدل، اے بمبئی
بن کے کوئی پھول یا جاڑے کی دھوپ دِل کے آنگن میں نکل، اے بمبئی
جاگ اور دامانِ وحشت چاک کر صرف آنکھیں ہی نہ مل، اے بمبئی

بیٹھے بیٹھے سوگیا ہوگا بدَن
کسمسا، پہلو بدل، اے بمبئی

۹/۱۱/۱۹۸۶ء بمبئی

غزل

جو سیدھا سوئے مقتل جا رہا ہے
وہی اب بھی ہمارا راستہ ہے

یہ خوشبو ہے کسی موجودگی کی
ابھی شاید کوئی اُٹھ کر گیا ہے

صلیبِ آواز کی کندھوں پہ رکھ لو
کہ سناٹا ہر آنگن میں کھڑا ہے

بتا پائے گا کیا کوئی منجم
کہ دیوانے تری تقدیر کیا ہے

یہ راہی تو عجب انسان نکلا
ہمیشہ کس لئے سچ بولتا ہے

۱۷/۱/۱۹۸۶ء، بمبئی

غزل

یہ رستہ ہی تو خود منزل ہے یارو
وَفا کرنا بہت مشکل ہے یارو

مجھے شوقِ شہادت پھر ہوا ہے
تو پھر یہ کوچۂ قاتل ہے یارو

وہی قصہ ہے، بس کچھ نام بدلے
وہی صحرا، وہی محمل ہے یارو

سنو مت دن ڈھلے افسانۂ دِل
یہ قصّہ نیند کا قاتل ہے یارو

۱۱/۹ستمبر ۱۹۸۶ء بمبئی

غزل

یہی پیام ہے اِس شہرِ رنگ و بو کے لئے
یہاں اداس رہا اپنے ماہ رو کے لئے

گیا نہ کوئی مرے بعد کوئے قاتل تک
ترس گیا کفِ قاتل رگِ گلو کے لئے

بسی ہوئی تھیں جہاں مہربان آوازیں
وہاں ہم آج ترستے ہیں گفتگو کے لئے

خزاں کے رنگ بھی ایسے بُرے نہیں لیکن
یہ رنگ ٹھیک نہیں میرے خوبرو کے لئے

یہ دِل کی راہ کوئی شاہراہِ عام نہیں
یہ راستہ ہے فقط تیری آرزو کے لئے

۱۱ ۱۹۸۶ء، فیلیڈلفیا

غزل

بس جینے کا ڈھنگ یہاں کچھ ایسا رکھیئے
اپنے گھروں کی یادوں کو مت تازہ رکھیئے

ہم نے آپ کے سارے وعدے دیکھ لئے
آپ اپنے ہی پاس اپنا ہر وعدہ رکھیئے

یہ دولت انمول ہے، چوکنّا رہیئے
زخموں کی پونجی پر اپنا قبضہ رکھیئے

جو چاہے وہ سُن لے، سمجھ لے، ایسا بھی کیا
دل کی بات کو اتنا مت بے پردہ رکھیئے

رسوائی کے شہر میں جانا ہو تو پہلے
آنکھوں کی زنبیل میں دل کا سکّہ رکھیئے

دریاؤں کی سیر سے کب روکا میں نے
بس یہ شرط ہے اپنی پیاس کو زندہ رکھیئے

زنجیروں کا بوجھ بہت کم ہو جائے گا
بس زنجیریں پگھلانے کا ارادہ رکھیئے

۹ ۱۹۸۶ء، اٹلانٹا

غزل

اپنے آپ میں گھٹتے رہنا ٹھیک نہیں
دِل کی بات کِسی سے نہ کہنا ٹھیک نہیں
بیٹھ کے اُس کے نام کوئی خط ہی لِکھیے
رات کو یوں ہی جاگتے رہنا ٹھیک نہیں
ظلم کو سہنا بھی عادت بن سکتا ہے
اُس کے بھی ہر ظلم کو سہنا ٹھیک نہیں
بیلے کے جھومر ہوں، جوہی کے کنگن
اُس کے لئے ہر پھول کا گہنا ٹھیک نہیں
بادل جھیل میں دیکھ رہے ہیں اپنا حُسن
اِس موسم میں گھر پہ رہنا ٹھیک نہیں

۱۰/۱۱/۱۹۸۶ء، اٹلانٹا

نیویارک

روشنیوں کے شہر میں ہم نے
جا کر دیکھا
سخت اندھیرا ہی رہتا ہے

۱۰/۱۱/ ۱۹۸۶ء نیویارک

غزل

نہیں خود اپنے دل پر اختیار اب
تو پھر کس پر کریں ہم اعتبار اب

مرے کندھوں میں وہ طاقت نہیں ہے
اُٹھے گا کیسے یہ وحشت کا بار اب

بہت چاہا کہ اپنے کو سمیٹوں
زیادہ ہے مگر کچھ انتشار اب

ابھی ہے دار سے دیدار ممکن
بس اور اُونچی نہ ہو دیوارِ یار اب

ہوائیں ہو چکیں صحرا سے رخصت
نہ جانے کب اُٹھے کوئی غبار اب

کوئی تدبیر کر اے کوئے جاناں
بہت کم رہ گئے ہیں جاں نثار اب

۹/۱۲ ۱۹۸۶ء بمبئی

غزل

بتا اے نامہ بر، آخر ہوا کیا
مرا خط پھاڑ ڈالا، پر کہا کیا

گریباں چاک کرنے سے ہے مطلب
تو پھر کپڑوں میں اچھا کیا، بُرا کیا

ہواؤں میں مہک ہے تشنگی کی
کہیں نزدیک ہی ہے کربلا کیا

اکیلے لگ رہے ہو، ساتھ آؤ
تمہیں بھی ہے تلاشِ گمشدہ کیا

چلو بس دھو لو اپنی آستینیں :
میں تم سے اور مانگوں خوں بہا کیا

تجھے نسبت ہے کیسے بے وفا سے
ترا اے کوئے جاناں، پوچھنا کیا

۲۴/۴/۱۹۸۷ء، بمبئی

غزل

اہلِ وحشت میں ہے دشوار نمایاں ہونا
کام آئے گا مگر چاکِ گریباں ہونا

جُرمِ اقرارِ وفا کر کے بھی لوٹ آئے
ہم سے دیکھا نہ گیا اُس کا پشیماں ہونا

ہے یہ ناقدریِ حالات ہی پہچان مری
کِس کو راس آیا ہے اس عہد میں انساں ہونا

سر بہ کف گھر سے نکلنا تو ہے شرطِ اول
اتنا آسان نہیں چاکِ گریباں ہونا

جس کو مِل جانا ہو، مِل جاؤ، مگر مشکل ہے
دیکھو، اِس شہر میں آنا تو نہ آساں ہونا

۶/۷ ۱۹۸۷ء، بمبئی

غزل

کہہ دو یہ اُس سے اگلے مہینے ہولی ہے
ہم نے بھی رنگوں کی دُکان اک کھولی ہے
برسوں بعد اس ہجر کے پیڑ پہ مور آئے
برسوں بعد اس پیڑ پہ کوئی کوئل بولی ہے
سورج کھیلا ساتھ مرے اس آنگن میں
چاند بھی کوئی غیر نہیں ہمجولی ہے
اے عطّار زمانہ، نسخہ تو پڑھ لے
تو نے دوائے وصل بہت کم تولی ہے
پچکاری میں بھر کے تمناؤں کا لہو
ہولی کھیلنے نکلی کون سی ٹولی ہے
اس میں ہجر کی باتیں، وصل کے قصے بھی
یہ میرا دیوان طلسمی جھولی ہے

۲۷/۸/۸۷ بمبئی

غزل

ہم غریبِ شہر آخر اس نگر سے کیا مانگیں
سانس کیلئے آؤ، تھوڑی سی ہوا مانگیں

لوگ مال و زر چاہیں، درد کی دوا مانگیں
ہم وفا کے بندے تو، اپنا بے وفا مانگیں

شاعری بہت کر لی، اگلے موڑ پر رک کر
خواب کا پتہ پوچھیں، نیند کی دعا مانگیں

بھیڑ کا یہ عالم ہے، وقت چل نہیں سکتا
کون راستہ دیگا، کس سے راستہ مانگیں

پیاس کے سمندر سے مانگنا اگر کچھ ہو
اپنے اپنے حصے کا دشتِ کربلا مانگیں

۲/۱ ۱۹۸۷ء، بمبئی

غزل

نہ بے حد دور یا نزدیک رکھئے
سبھی سے فاصلوں کو ٹھیک رکھئے

صداقت کوئی بھی مطلق نہیں ہے
ہمیشہ جراءتِ تشکیک رکھئے

نہ جلدی جائیے اُس بزم میں بھی
گھڑی کو اپنی بالکل ٹھیک رکھئے

یہ شہرِ عاشقاں ہے، صاحبو! آپ
یہاں ذہنوں کو مت تاریک رکھئے

۵/۳ شملہ ۱۹۸۸ء حیدرآباد

اکیسواں سال

مریم بیٹی
جب تو آکر میری گود میں گھُس جاتی ہے
تب مجھ کو ایسا لگتا ہے
جیسے جاڑے کی ایک دھندلی صبح '
رضائی کہرکی سر سے پھینک کے '
گھر میں آبیٹھی ہے.
میرے دل کا ہر گوشہ گرما جاتا ہے
میری بوڑھی آنکھوں سے آنسو کے قطرے بہہ کر گالوں تک آتے ہیں
جیسے چھت سے
پرچھائیں کی گڑیاں لے کر
دھوپ آنگن میں اتر آتی ہے
تو ہی میری دھوپ ہے'
میری پرچھائیں بھی

جب تو آکر
میری گود میں گھس جاتی ہے
میری گود میں کتنے ہاتھ سے اُگ آتے ہیں
کوئی ہاتھ ترے ماتھے سے
تیرے بالوں کی لٹ سرکانے لگتا ہے
کوئی ہاتھ ترے گالوں کے پھولوں کی خوشبو کو سہلانے لگتا ہے
کوئی ہاتھ ترے ہاتھوں کو جینا سمجھانے لگتا ہے
کوئی ہاتھ تری آنکھوں سے میرے بوڑھے عکس کو سرکانے لگتا ہے

مریم بیٹی
تیرے باپ کی بوڑھی گود تو تیری ہی تھی
تیری ہی ہے
لیکن اب تو
بوڑھی گود کے اِن ہاتھوں سے باہر آجا
کیوں کہ تو آج یہ بات سمجھ لے
اب اِس بوڑھی گود کا کوئی ٹھیک نہیں ہے،

۲۶/۹/۱۹۸۸ء بمبئی

غزل

یہ شہر اتنا تو ویران نہیں تھا
جب یہ عالیشان مکان نہیں تھا

عشق کے قصے تب پیدا ہوتے تھے
جب مِلنا اتنا آسان نہیں تھا

مر جانا تو آج بھی سہل ہے لیکن
جینا تو کل بھی آسان نہیں تھا

یہ چھوٹا سا گھر کتنا تھا کُشادہ
جب اتنا ساز و سامان نہیں تھا

۱/۱۰ ۱۹۸۷ء، بمبئی

غزل

جیسی مٹی ہوگی، ویسا پودا نکلے گا
اِس امروز کو دیکھو جس سے فردا نکلے گا

یہ کس نے سوچا تھا ملیگا دامنِ قاتل صاف
خونِ شہیداں رنگ کا اتنا کچا نکلے گا

مجھ سے بھی کتنوں نے کہا ہے گرم ہے یہ افواہ
تیری گلی سے مقتل تک اک رستہ نکلے گا

دشت میں جس دیوانے سے پوچھوگے اس کا حال
موجِ صبا اور نکہتِ گل کا قصہ نکلے گا

سارا شہر ڈرا بیٹھا ہے اپنی رات کے اندر
سورج لانے کو دیوانہ تنہا نکلے گا

میں اک گھائل بوڑھا برگد، میری بات سنو
لگتا ہے، کل ہر وادی سے صحرا نکلے گا

۲۱/۲ سنہ ۱۹۸۹ء بمبئی

غزل

ہم تو ہیں پردیس میں، دیس میں نکلا ہوگا چاند
اپنی رات کی چھت پر کتنا تنہا ہوگا چاند

جن آنکھوں میں کاجل بن کر تیری کالی رات
اُن میں اب شاید آنسو کا قطرہ ہوگا چاند

ہجر کی ساری رات پڑی ہے، آؤ کریں کچھ بات
ٹھنڈی ہواؤ، تم نے تو اکثر دیکھا ہوگا چاند

میرے چُپ رہ جانے کو کیا سمجھا ہوگا چاند
اب لوگوں سے جانے کیا کیا کہتا ہوگا چاند

رات نے ایسا پیچ لگایا، ٹوٹی ہاتھ کی ڈور
آنگن والے نیم میں جا کر اٹکا ہوگا چاند

چاند بِنا ہر دن یوں بیتا جیسے یگ بیتے
میرے بِنا کس حال میں ہوگا کیسا ہوگا چاند

بمبئی، ۲۴/۳/۱۹۷۹ء

اُن کے بارے میں بتا

اے صبا
تو جو کبھی
میرے اُس شہر تمنّا سے گزر
وہاں کچھ دیر ٹھہر
ہر طرف دیکھ
یہ ممکن ہے کہ اُس شہر کی پیچیدہ گزرگاہوں پر
تجھے ایسا کوئی دیوانہ ملے
جس نے کندھے پہ اُٹھا رکھی ہوں میری وہ صلیب
میرے کندھے پہ ابھی جس کا نشاں زندہ ہے

۱۰/ اگست ۱۹۸۹ء بمبئی

حرفِ برہنہ

اخباروں کا جنگل
کانٹے ہی کانٹے ہیں
سنگل کا انٹرویو
دلّی کی شاہی مسجد کے ملّا کی تقریریں
تاؤ کی استادی
ہریانہ ویرانہ
مُفتی کو جو مُفت مِلا اُس ملک کی حالت
بابر کی مسجد میں نمازوں کا گھٹتا دم
جنم بھُومی مندر کی گھائی پُوجا
دِلّی کی جھولی میں بس پتّھر ہی پتّھر!!
دِل کا شہر اجڑتا جائے
بڑھتا آئے جنگل
مذہب کا موسم آیا ہے
اِک اِک لاش ہے اِک اِک پرچم

آنسو پہلے لاش سے اُس کا مذہب پوچھیں
پھر آنکھوں سے باہر آئیں !!
قرآن شرمندہ ہے
گیتا بھی نادم ہے
نانک کے شبدوں پر لاشوں کی مُہریں ہیں
وادی میں ہلچل ہے
بادامی آنکھوں پر دہشت کا سایہ ہے
یہ سایہ کشمیری پنڈت
یہ سایہ اللہ اکبر !!
سارے مسیحا
زخم سے پہلے مذہب پوچھیں
مذہب پوچھ کے مرہم بانٹیں
واجپئی جی !
آپ 'کلپنا' کے بارے میں کیا کہتے ہیں ؟
بھاگلپور کا قصّہ کیا ہے ؟
میرٹھ اور مراد آباد میں کن لوگوں پر کیسی گذری ؟
دلّی کی سڑکوں پر سکھّوں کی لاشیں ہیں
کہیا ہم

آنے والے یُگ کو
لاشوں کی یہ وراثت دیں گے ؟

اب مسجد
اللہ نہیں مُلّا کا گھر ہے
اب مندر میں رام نہیں
سنگل رہتے ہیں

اڈوانی پوجے جاتے ہیں

لوگو !
اپنی شردھا لے کر
لوگو !
اپنی بھگتی لے کر

لوگو !
اپنی اذانیں لے کر

اِن جگہوں سے بھاگو
یہ جگہیں سوکھا جنگل ہے
آگ لگی تو
ساری بستی

ساری نمازیں جل جائیں گی بمبئی ۹۰ ۱/۶

ڈھلتا سورج گھٹتا چاند بوڑھا پیڑ

جب بھی میں تجھ کو یاد آؤں
تو یہ سوچ دل مت چھوٹا کرنا
میرے تیرے بیچ نہ جانے کتنی زبانوں کے دریا ہیں
کتنی تہذیبوں کے سمندر
دھوپ کی جھیلیں
چھاؤں کے جنگل
تو اس دوری سے مت گھبرا
قربت کا موسم تو وہی ہے
دیکھ تو دل کے اندر!!
دوری چاہے جتنی بھی ہو
میں تو تجھ سے دور نہیں ہوں
ڈھلتا سورج بن کر تیرے گھر میں آخر کون آتا ہے
گھٹتے چاند کا بھیس بدل کر
تیری کھڑکی پر میں ہی دستک دیتا ہوں

اور وہ بوڑھا پیڑ بھی مَیں ہوں
جس کا سایہ
جُھک کر تیرے سر کا بوسہ لیتا ہے

جب
جب بھی مَیں تجھ کو یاد آؤں
مریم تو بس
ڈھلتے سورج،
گھٹتے چاند کی جانب یوں ہی دیکھ لیا کر
اور اُس پیڑ کی میٹھی چھاؤں سے اپنے آنسو پونچھ کے آگے بڑھ جایا کر

۲۷/۷ ۱۹۹۰ء، بمبئی

اے دستِ بُریدہ

اے دستِ بُریدہ
قلم بن جا
لکھ کلمۂ حق
تاریخ وفا
لکھ!
اہلِ جنوں پر کیا گزری
لکھ
دشتِ وفا کی ہے
حد ان حد کے دوراہے پر
لکھ
اہلِ جنوں جب ٹھہرے تھے
اُن کے خیموں پر کیا گزری
کِن ہاتھوں نے خیموں کی طنابیں کاٹی تھیں
کِن ہاتھوں نے خیموں میں آگ لگائی تھی

کن ہاتھوں نے
سرہائے بُریدہ کو نیزوں پہ اُٹھایا تھا

یہ حد ان حد کا دوراہا
یہ مقتل ہے
یا منزل ہے؟

اِس شرمندہ دوراہے پر
وہ ہاتھ بھی ہیں
وہ خیمے بھی

اِس شرمندہ دوراہے پر
وہ لوگ بھی ہیں
ہم لوگ بھی ہیں
خیموں کی طنابیں گھائل ہیں

اے دستِ بریدہ
قلم بن جا
تاریخِ اہلِ ستم لکھ لے
ٹھہرے ہیں کہاں پر ہم
لکھ لے

لکھ
دشتِ جنوں کی حد ہے کہاں
حد ان حد کے دوراہے پر
لکھ
اہلِ جنوں پھر ٹھہرے ہیں

۲۰/۱۱/۱۹۹۰ء بمبئی

غزل

زخمِ دل کا یہ شجر سب سے جدا ہوتا ہے
دھوپ لگتی ہے تو یہ اور ہرا ہوتا ہے

اب سیاست کی دکانوں کا یہ دستور ہوا
وہی سکّہ نہیں چلتا جو کھرا ہوتا ہے

مہر کرتا بھی نہیں، مہر سمجھتا بھی نہیں
اور بے مہر جو کہہ دو تو خفا ہوتا ہے

اب کوئی راستہ پوچھے کہ نہ پوچھے اُس سے
پر ہر اِک شخص میں اک راہ نما ہوتا ہے

تیری محفل میں وفا کی تو کوئی قدر نہیں
ہاں، مگر تذکرۂ اہلِ وفا ہوتا ہے

۲۶/۱۱ سنہ ۱۹۹۰ء بمبئی

غزل

دہلیزوں پر دیپ جلائے آئی تو ہے دیوالی
پھر بھی آنکھوں کے آنگن ہیں بالکل خالی خالی

اِن پہ تمہارے نام لکھے ہیں، یہ چہرے مت دیکھو
بھاگو اُن ملبوں سے بھی جن میں دفن ہے اِن کی بحالی

جن سے ہم نے جنوں سیکھا تھا اُن کا حال ہے ایسا
اب کشکول ہیں آنکھیں اُن کی، اُن کے ہاتھ سوالی

کیسے کوئی تصویر بناؤں، رنگ اڑے جاتے ہیں
گھولے کتنے رنگ مگر ہے چاند کا پیالہ خالی

پھر کھڑکی سے جھانک کے چاند نے پوچھا تم کیسے ہو
پھر میرے حصے میں آئیں، راتیں یادوں والی

۱۲/۱/۱۹۹۱ء، بمبئی

غزل

جوہی کی اُس ڈالی سے کوئی کیسے آنکھ ملائے
جو اپنی خوشبو کے بوجھ سے دُہری ہو ہو جائے

لگتا ہے شہروں میں جنوں کے موسم اب نہیں آتے
ہم تو صحرا میں بیٹھے ہیں دھوپ کا فرش بچھائے

سناٹا پیڑوں پر بیٹھا، سناٹا ہر چھت پر
سناٹے سے سب ڈرتے ہیں، کون آواز لگائے

کتنی نیندیں قتل ہوئی کل شب کے مقتل میں
صبح کے رخساروں کی سرخی ہی یہ بات بتائے

جس کے آگے آگے بادل، جس کے پیچھے خوشبو
ہم صحرا والوں تک کوئی وہ موسم لے آئے

ہم بھی ہیں پردیس میں لیکن رام نہیں ہیں راہی
آئے اور کوئی سمجھا کر ہم کو گھر لے آئے

۱۱/۳ ۱۹۹۱ء، بمبئی

غزل

کوئی جب اپنے گھر جانے لگتا ہے
میرا جی بھی للچانے لگتا ہے

وہ پنچھی جو لوٹ کے پھر نہیں آیا
اکثر مجھ کو یاد آنے لگتا ہے

یادیں چھت پر منڈلانے لگتی ہیں
جب سایہ اوپر جانے لگتا ہے

دِل کی زباں آئے کہ نہ آئے لیکن
جو آتا ہے، سمجھانے لگتا ہے

رات بڑی ہو یا دِن، وقت اُتنا ہی
دلِ ناداں ہے، گھبرانے لگتا ہے

۴؍۱؍۱۹۹۱ء، بمبئی

غزل

ساری باتیں مان گئے، اک بات نہیں مانی
بس یہ بات کہ عشق ہیں ہیں صدمات نہیں مانی

یہ سوچا تھا' کل کے لئے کچھ سپنے چُن لوں گا
نیند تو آئی' پورے چاند کی رات نہیں مانی

اہلِ وفا نے چھوڑ دیا ہے' تنہا رہ گئے تم
ہم کہتے تھے' تم نے ہماری بات نہیں مانی

میں نے کہا' جگنو تو ہیں جگنو' کوئی چاند نکال
ہجر کی رات بھی نکلی بڑی بدذات' نہیں مانی

۲/۴ ۱۹۹۱ء بمبئی

غزل

جیت کا سہرا جن کے سر ہے، اُن سے کب تلوار اُٹھی
ہم گمناموں کی لاشوں پر شہرت کی دیوار اُٹھی

اہلِ جنوں کی آہٹ سُن کر، دشتِ وفا بے چین ہوا
ہر ہر گوشہ سے پچھلی زنجیروں کی جھنکار اُٹھی

جنسِ وفا کی کمیابی پر اِس بازارِ سیاست میں
ہر ہر گوشہ سے پچھلی زنجیروں کی جھنکار اُٹھی

جس آندھی کی دُھول بھری ہے ابتک وقت کی آنکھوں میں
یارو، دیکھو، پھر وہی آندھی دربار کے اُس پار اُٹھی

اب تو ضرورت کی اک پگڑی ہے یاروں کے کندھوں پر
ہم لوگوں کے ساتھ جہاں سے، رسمِ صلیب دار اُٹھی

اتنے تھکے ہارے تھے ہم بھی، بس گرنے ہی والے تھے
ہم کو سہارا دینے لیکن گردِ کوچہ یار اُٹھی

غزل

جب اِن غیر گھنی راتوں میں دل گھبراتا ہو گا
گھر میں اُگنے والا سورج یاد آتا ہو گا

ہم بن باس کی راتوں میں یہ سوچ کے اکثر جاگے
چاند کو اب اُس شہر میں آخر کون سُلاتا ہو گا

زخم لگانے والا ہی جانے سینوں کی قیمت
وہ بھی تو کچھ سوچ کے آخر زخم لگاتا ہو گا

ہم کو مت بتلاؤ یہاں تک آنے میں کیا گزری
آتا جاتا ہر سایہ رُک کر سمجھاتا ہو گا

اِس پیاسی آواز کو آخر کب تک میں بہلاؤں
کوئی تو اُس شہر میں لوگو پیاس بجھاتا ہو گا

غزل

اتنی سی بات کا اتنا بڑا افسانہ بنا
کوئی دیوانہ ہوا ہے، کوئی دیوانہ بنا

وہ زیارت گہہ مجنوں بہت آباد ہوئی
اپنی وحشت کیلئے اب کوئی ویرانہ بنا

یا مرے کندھوں پہ رکھ پھر وہی عیسیٰ کی صلیب
یا تو پھر میری طبیعت کو غلامانہ بنا

جل کے مرنے میں مزہ کیا ہے، جلو اور جیو
زندگی جس کو نہ راس آئی وہ پروانہ بنا

غزل

میں کیا پاگل تھا جو دیوانہ ہوتا
اگر میری طرف دیکھا نہ ہوتا

جو بازارِ جنوں ٹھنڈا نہ ہوتا
تو پھر گھاٹے کا یہ سودا نہ ہوتا

مِرا بک جانا کیا مشکل تھا لیکن
وفا کے حق میں یہ اچھا نہ ہوتا

مرا قاتل وفا ناآشنا ہے
مگر اے کاش وہ ایسا نہ ہوتا

مزا آتا نصیحت میں بھی شاید
اگر ناصح ذرا دیوانہ ہوتا

بمبئی ۱۸ 11/89

★★★